2021

24-Hour Weekly & Monthly Planner/ Appointment Book

I. S. Anderson

2021

24-Hour Weekly & Monthly Planner/

Appointment Book

Copyright © 2020 by I. S. Anderson

ISBN-10: 1-947399-22-5

ISBN-13: 978-1-947399-22-8

All rights reserved, including the right to reproduce this journal in whole or any portions thereof, in any form whatsoever.

For more information regarding this publication, contact: **nahjpress@outlookcom**

First Printing, 2020

2021
24-Hour Weekly & Monthly Planner/ Appointment Book

Belongs To:

_____

2021

JANUARY
S	M	T	W	T	F	S
					1	2
3	4	5	6	7	8	9
10	11	12	13	14	15	16
17	18	19	20	21	22	23
24	25	26	27	28	29	30
31						

FEBRUARY
S	M	T	W	T	F	S
	1	2	3	4	5	6
7	8	9	10	11	12	13
14	15	16	17	18	19	20
21	22	23	24	25	26	27
28						

MARCH
S	M	T	W	T	F	S
	1	2	3	4	5	6
7	8	9	10	11	12	13
14	15	16	17	18	19	20
21	22	23	24	25	26	27
28	29	30	31			

APRIL
S	M	T	W	T	F	S
				1	2	3
4	5	6	7	8	9	10
11	12	13	14	15	16	17
18	19	20	21	22	23	24
25	26	27	28	29	30	

MAY
S	M	T	W	T	F	S
						1
2	3	4	5	6	7	8
9	10	11	12	13	14	15
16	17	18	19	20	21	22
23	24	25	26	27	28	29
30	31					

JUNE
S	M	T	W	T	F	S
		1	2	3	4	5
6	7	8	9	10	11	12
13	14	15	16	17	18	19
20	21	22	23	24	25	26
27	28	29	30			

JULY
S	M	T	W	T	F	S
				1	2	3
4	5	6	7	8	9	10
11	12	13	14	15	16	17
18	19	20	21	22	23	24
25	26	27	28	29	30	31

AUGUST
S	M	T	W	T	F	S
1	2	3	4	5	6	7
8	9	10	11	12	13	14
15	16	17	18	19	20	21
22	23	24	25	26	27	28
29	30	31				

SEPTEMBER
S	M	T	W	T	F	S
			1	2	3	4
5	6	7	8	9	10	11
12	13	14	15	16	17	18
19	20	21	22	23	24	25
26	27	28	29	30		

OCTOBER
S	M	T	W	T	F	S
					1	2
3	4	5	6	7	8	9
10	11	12	13	14	15	16
17	18	19	20	21	22	23
24	25	26	27	28	29	30
31						

NOVEMBER
S	M	T	W	T	F	S
	1	2	3	4	5	6
7	8	9	10	11	12	13
14	15	16	17	18	19	20
21	22	23	24	25	26	27
28	29	30				

DECEMBER
S	M	T	W	T	F	S
			1	2	3	4
5	6	7	8	9	10	11
12	13	14	15	16	17	18
19	20	21	22	23	24	25
26	27	28	29	30	31	

2022

JANUARY
S	M	T	W	T	F	S
						1
2	3	4	5	6	7	8
9	10	11	12	13	14	15
16	17	18	19	20	21	22
23	24	25	26	27	28	29
30	31					

FEBRUARY
S	M	T	W	T	F	S
		1	2	3	4	5
6	7	8	9	10	11	12
13	14	15	16	17	18	19
20	21	22	23	24	25	26
27	28					

MARCH
S	M	T	W	T	F	S
		1	2	3	4	5
6	7	8	9	10	11	12
13	14	15	16	17	18	19
20	21	22	23	24	25	26
27	28	29	30	31		

APRIL
S	M	T	W	T	F	S
					1	2
3	4	5	6	7	8	9
10	11	12	13	14	15	16
17	18	19	20	21	22	23
24	25	26	27	28	29	30

MAY
S	M	T	W	T	F	S
1	2	3	4	5	6	7
8	9	10	11	12	13	14
15	16	17	18	19	20	21
22	23	24	25	26	27	28
29	30	31				

JUNE
S	M	T	W	T	F	S
			1	2	3	4
5	6	7	8	9	10	11
12	13	14	15	16	17	18
19	20	21	22	23	24	25
26	27	28	29	30		

JULY
S	M	T	W	T	F	S
					1	2
3	4	5	6	7	8	9
10	11	12	13	14	15	16
17	18	19	20	21	22	23
24	25	26	27	28	29	30
31						

AUGUST
S	M	T	W	T	F	S
	1	2	3	4	5	6
7	8	9	10	11	12	13
14	15	16	17	18	19	20
21	22	23	24	25	26	27
28	29	30	31			

SEPTEMBER
S	M	T	W	T	F	S
				1	2	3
4	5	6	7	8	9	10
11	12	13	14	15	16	17
18	19	20	21	22	23	24
25	26	27	28	29	30	

OCTOBER
S	M	T	W	T	F	S
						1
2	3	4	5	6	7	8
9	10	11	12	13	14	15
16	17	18	19	20	21	22
23	24	25	26	27	28	29
30	31					

NOVEMBER
S	M	T	W	T	F	S
		1	2	3	4	5
6	7	8	9	10	11	12
13	14	15	16	17	18	19
20	21	22	23	24	25	26
27	28	29	30			

DECEMBER
S	M	T	W	T	F	S
				1	2	3
4	5	6	7	8	9	10
11	12	13	14	15	16	17
18	19	20	21	22	23	24
25	26	27	28	29	30	31

2023

JANUARY
S	M	T	W	T	F	S
1	2	3	4	5	6	7
8	9	10	11	12	13	14
15	16	17	18	19	20	21
22	23	24	25	26	27	28
29	30	31				

FEBRUARY
S	M	T	W	T	F	S
			1	2	3	4
5	6	7	8	9	10	11
12	13	14	15	16	17	18
19	20	21	22	23	24	25
26	27	28				

MARCH
S	M	T	W	T	F	S
			1	2	3	4
5	6	7	8	9	10	11
12	13	14	15	16	17	18
19	20	21	22	23	24	25
26	27	28	29	30	31	

APRIL
S	M	T	W	T	F	S
						1
2	3	4	5	6	7	8
9	10	11	12	13	14	15
16	17	18	19	20	21	22
23	24	25	26	27	28	29
30						

MAY
S	M	T	W	T	F	S
	1	2	3	4	5	6
7	8	9	10	11	12	13
14	15	16	17	18	19	20
21	22	23	24	25	26	27
28	29	30	31			

JUNE
S	M	T	W	T	F	S
				1	2	3
4	5	6	7	8	9	10
11	12	13	14	15	16	17
18	19	20	21	22	23	24
25	26	27	28	29	30	

JULY
S	M	T	W	T	F	S
						1
2	3	4	5	6	7	8
9	10	11	12	13	14	15
16	17	18	19	20	21	22
23	24	25	26	27	28	29
30	31					

AUGUST
S	M	T	W	T	F	S
		1	2	3	4	5
6	7	8	9	10	11	12
13	14	15	16	17	18	19
20	21	22	23	24	25	26
27	28	29	30	31		

SEPTEMBER
S	M	T	W	T	F	S
					1	2
3	4	5	6	7	8	9
10	11	12	13	14	15	16
17	18	19	20	21	22	23
24	25	26	27	28	29	30

OCTOBER
S	M	T	W	T	F	S
1	2	3	4	5	6	7
8	9	10	11	12	13	14
15	16	17	18	19	20	21
22	23	24	25	26	27	28
29	30	31				

NOVEMBER
S	M	T	W	T	F	S
			1	2	3	4
5	6	7	8	9	10	11
12	13	14	15	16	17	18
19	20	21	22	23	24	25
26	27	28	29	30		

DECEMBER
S	M	T	W	T	F	S
					1	2
3	4	5	6	7	8	9
10	11	12	13	14	15	16
17	18	19	20	21	22	23
24	25	26	27	28	29	30
31						

2021

January	February	March	April	May	June
1 F	1 M	1 M	1 T	1 S	1 T
2 S	2 T	2 T	2 F	2 S	2 W
3 S	3 W	3 W	3 S	3 M	3 T
4 M	4 T	4 T	4 S	4 T	4 F
5 T	5 F	5 F	5 M	5 W	5 S
6 W	6 S	6 S	6 T	6 T	6 S
7 T	7 S	7 S	7 W	7 F	7 M
8 F	8 M	8 M	8 T	8 S	8 T
9 S	9 T	9 T	9 F	9 S	9 W
10 S	10 W	10 W	10 S	10 M	10 T
11 M	11 T	11 T	11 S	11 T	11 F
12 T	12 F	12 F	12 M	12 W	12 S
13 W	13 S	13 S	13 T	13 T	13 S
14 T	14 S	14 S	14 W	14 F	14 M
15 F	15 M	15 M	15 T	15 S	15 T
16 S	16 T	16 T	16 F	16 S	16 W
17 S	17 W	17 W	17 S	17 M	17 T
18 M	18 T	18 T	18 S	18 T	18 F
19 T	19 F	19 F	19 M	19 W	19 S
20 W	20 S	20 S	20 T	20 T	20 S
21 T	21 S	21 S	21 W	21 F	21 M
22 F	22 M	22 M	22 T	22 S	22 T
23 S	23 T	23 T	23 F	23 S	23 W
24 S	24 W	24 W	24 S	24 M	24 T
25 M	25 T	25 T	25 S	25 T	25 F
26 T	26 F	26 F	26 M	26 W	26 S
27 W	27 S	27 S	27 T	27 T	27 S
28 T	28 S	28 S	28 W	28 F	28 M
29 F		29 M	29 T	29 S	29 T
30 S		30 T	30 F	30 S	30 W
31 S		31 W		31 M	

2021

July	August	September	October	November	December
1 T	1 S	1 W	1 F	1 M	1 W
2 F	2 M	2 T	2 S	2 T	2 T
3 S	3 T	3 F	3 S	3 W	3 F
4 S	4 W	4 S	4 M	4 T	4 S
5 M	5 T	5 S	5 T	5 F	5 S
6 T	6 F	6 M	6 W	6 S	6 M
7 W	7 S	7 T	7 T	7 S	7 T
8 T	8 S	8 W	8 F	8 M	8 W
9 F	9 M	9 T	9 S	9 T	9 T
10 S	10 T	10 F	10 S	10 W	10 F
11 S	11 W	11 S	11 M	11 T	11 S
12 M	12 T	12 S	12 T	12 F	12 S
13 T	13 F	13 M	13 W	13 S	13 M
14 W	14 S	14 T	14 T	14 S	14 T
15 T	15 S	15 W	15 F	15 M	15 W
16 F	16 M	16 T	16 S	16 T	16 T
17 S	17 T	17 F	17 S	17 W	17 F
18 S	18 W	18 S	18 M	18 T	18 S
19 M	19 T	19 S	19 T	19 F	19 S
20 T	20 F	20 M	20 W	20 S	20 M
21 W	21 S	21 T	21 T	21 S	21 T
22 T	22 S	22 W	22 F	22 M	22 W
23 F	23 M	23 T	23 S	23 T	23 T
24 S	24 T	24 F	24 S	24 W	24 F
25 S	25 W	25 S	25 M	25 T	25 S
26 M	26 T	26 S	26 T	26 F	26 S
27 T	27 F	27 M	27 W	27 S	27 M
28 W	28 S	28 T	28 T	28 S	28 T
29 T	29 S	29 W	29 F	29 M	29 W
30 F	30 M	30 T	30 S	30 T	30 T
31 S	31 T		31 S		31 F

JANUARY 2021

SUNDAY	MONDAY	TUESDAY	WEDNESDAY
3	4	5	6
10	11	12	13
17	18 Martin Luther King Jr. Day	19	20
24	25	26	27
31			

DECEMBER 2020
S	M	T	W	T	F	S
		1	2	3	4	5
6	7	8	9	10	11	12
13	14	15	16	17	18	19
20	21	22	23	24	25	26
27	28	29	30	31		

JANUARY
S	M	T	W	T	F	S
					1	2
3	4	5	6	7	8	9
10	11	12	13	14	15	16
17	18	19	20	21	22	23
24	25	26	27	28	29	30
31						

FEBRUARY
S	M	T	W	T	F	S
	1	2	3	4	5	6
7	8	9	10	11	12	13
14	15	16	17	18	19	20
21	22	23	24	25	26	27
28						

THURSDAY	FRIDAY	SATURDAY	NOTES
	1 New Year's Day	2	
7	8	9	
14	15	16	
21	22	23	
28	29	30	

DEC 2020

S	M	T	W	T	F	S
		1	2	3	4	5
6	7	8	9	10	11	12
13	14	15	16	17	18	19
20	21	22	23	24	25	26
27	28	29	30	31		

MON 28 | TUE 29 | WED 30

THU 31	FRI New Year's Day 1	SAT 2	SUN 3

12
1
2
3
4
5
6
7
8
9
10
11
12
1
2
3
4
5
6
7
8
9
10
11

JAN 2021

S	M	T	W	T	F	S
					1	2
3	4	5	6	7	8	9
10	11	12	13	14	15	16
17	18	19	20	21	22	23
24	25	26	27	28	29	30

MON 4   TUE 5   WED 6

12
1
2
3
4
5
6
7
8
9
10
11
12
1
2
3
4
5
6
7
8
9
10
11

THU	7	FRI	8	SAT	9	SUN	10

12
1
2
3
4
5
6
7
8
9
10
11
12
1
2
3
4
5
6
7
8
9
10
11

THU	7	FRI	8	SAT	9	SUN	10

JAN 2021

S	M	T	W	T	F	S
					1	2
3	4	5	6	7	8	9
10	11	12	13	14	15	16
17	18	19	20	21	22	23
24	25	26	27	28	29	30

MON 11 | TUE 12 | WED 13

	THU	14	FRI	15	SAT	16	SUN	17
12								
1								
2								
3								
4								
5								
6								
7								
8								
9								
10								
11								
12								
1								
2								
3								
4								
5								
6								
7								
8								
9								
10								
11								
	THU	14	FRI	15	SAT	16	SUN	17

JAN 2021

S	M	T	W	T	F	S
					1	2
3	4	5	6	7	8	9
10	11	12	13	14	15	16
17	18	19	20	21	22	23
24	25	26	27	28	29	30

MON Martin Luther King Day 18 | TUE 19 | WED 20

THU 21	FRI 22	SAT 23	SUN 24

12
1
2
3
4
5
6
7
8
9
10
11
12
1
2
3
4
5
6
7
8
9
10
11

JAN 2021

S	M	T	W	T	F	S
					1	2
3	4	5	6	7	8	9
10	11	12	13	14	15	16
17	18	19	20	21	22	23
24	25	26	27	28	29	30

MON 25 | TUE 26 | WED 27

THU	28	FRI	29	SAT	30	SUN	31

12
1
2
3
4
5
6
7
8
9
10
11
12
1
2
3
4
5
6
7
8
9
10
11

THU	28	FRI	29	SAT	30	SUN	31

FEBRUARY 2021

SUNDAY	MONDAY	TUESDAY	WEDNESDAY
	1	2	3
7	8	9	10
14	15 Presidents' Day	16	17
21	22	23	24
28			

JANUARY
S	M	T	W	T	F	S
					1	2
3	4	5	6	7	8	9
10	11	12	13	14	15	16
17	18	19	20	21	22	23
24	25	26	27	28	29	30
31						

FEBRUARY
S	M	T	W	T	F	S
	1	2	3	4	5	6
7	8	9	10	11	12	13
14	15	16	17	18	19	20
21	22	23	24	25	26	27
28						

MARCH
S	M	T	W	T	F	S
	1	2	3	4	5	6
7	8	9	10	11	12	13
14	15	16	17	18	19	20
21	22	23	24	25	26	27
28	29	30	31			

THURSDAY	FRIDAY	SATURDAY	NOTES
4	5	6	
11	12	13	
18	19	20	
25	26	27	
☐	☐	☐	
☐	☐	☐	
☐	☐	☐	
☐	☐	☐	
☐	☐	☐	

FEB 2021 | MON 1 | TUE 2 | WED 3

S	M	T	W	T	F	S
	1	2	3	4	5	6
7	8	9	10	11	12	13
14	15	16	17	18	19	20
21	22	23	24	25	26	27
28						

12
1
2
3
4
5
6
7
8
9
10
11
12
1
2
3
4
5
6
7
8
9
10
11

MON 1 | TUE 2 | WED 3

THU	4	FRI	5	SAT	6	SUN	7

12
1
2
3
4
5
6
7
8
9
10
11
12
1
2
3
4
5
6
7
8
9
10
11

| **FEB** | | | | | | 2021 | MON | 8 | TUE | 9 | WED | 10 |

S	M	T	W	T	F	S
	1	2	3	4	5	6
7	8	9	10	11	12	13
14	15	16	17	18	19	20
21	22	23	24	25	26	27
28						

THU	11	FRI	12	SAT	13	SUN	14

- 12
- 1
- 2
- 3
- 4
- 5
- 6
- 7
- 8
- 9
- 10
- 11
- 12
- 1
- 2
- 3
- 4
- 5
- 6
- 7
- 8
- 9
- 10
- 11

FEB 2021 | MON Presidents' Day 15 | TUE 16 | WED 17

S	M	T	W	T	F	S
	1	2	3	4	5	6
7	8	9	10	11	12	13
14	15	16	17	18	19	20
21	22	23	24	25	26	27
28						

12
1
2
3
4
5
6
7
8
9
10
11
12
1
2
3
4
5
6
7
8
9
10
11

	THU 18	FRI 19	SAT 20	SUN 21
12				
1				
2				
3				
4				
5				
6				
7				
8				
9				
10				
11				
12				
1				
2				
3				
4				
5				
6				
7				
8				
9				
10				
11				
	THU 18	FRI 19	SAT 20	SUN 21

| **FEB** | | | | | | **2021** | MON | 22 | TUE | 23 | WED | 24 |

S	M	T	W	T	F	S
	1	2	3	4	5	6
7	8	9	10	11	12	13
14	15	16	17	18	19	20
21	22	23	24	25	26	27
28						

12
1
2
3
4
5
6
7
8
9
10
11
12
1
2
3
4
5
6
7
8
9
10
11

THU	25	FRI	26	SAT	27	SUN	28

MARCH 2021

SUNDAY	MONDAY	TUESDAY	WEDNESDAY
	1	2	3
7	8	9	10
14	15	16	17
21	22	23	24
28	29	30	31

FEBRUARY
S	M	T	W	T	F	S
	1	2	3	4	5	6
7	8	9	10	11	12	13
14	15	16	17	18	19	20
21	22	23	24	25	26	27
28						

MARCH
S	M	T	W	T	F	S
	1	2	3	4	5	6
7	8	9	10	11	12	13
14	15	16	17	18	19	20
21	22	23	24	25	26	27
28	29	30	31			

APRIL
S	M	T	W	T	F	S
				1	2	3
4	5	6	7	8	9	10
11	12	13	14	15	16	17
18	19	20	21	22	23	24
25	26	27	28	29	30	

THURSDAY	FRIDAY	SATURDAY	NOTES
4	5	6	
11	12	13	
18	19	20	
25	26	27	
☐	☐	☐	
☐	☐	☐	
☐	☐	☐	
☐	☐	☐	
☐	☐	☐	

MAR 2021

S	M	T	W	T	F	S
	1	2	3	4	5	6
7	8	9	10	11	12	13
14	15	16	17	18	19	20
21	22	23	24	25	26	27
28	29	30	31			

MON	1	TUE	2	WED	3

12
1
2
3
4
5
6
7
8
9
10
11
12
1
2
3
4
5
6
7
8
9
10
11

	THU	4	FRI	5	SAT	6	SUN	7
12								
1								
2								
3								
4								
5								
6								
7								
8								
9								
10								
11								
12								
1								
2								
3								
4								
5								
6								
7								
8								
9								
10								
11								
	THU	4	FRI	5	SAT	6	SUN	7

MAR 2021 | MON 8 | TUE 9 | WED 10

S	M	T	W	T	F	S
	1	2	3	4	5	6
7	8	9	10	11	12	13
14	15	16	17	18	19	20
21	22	23	24	25	26	27
28	29	30	31			

12
1
2
3
4
5
6
7
8
9
10
11
12
1
2
3
4
5
6
7
8
9
10
11

| | THU | 11 | FRI | 12 | SAT | 13 | SUN | 14 |

- 12
- 1
- 2
- 3
- 4
- 5
- 6
- 7
- 8
- 9
- 10
- 11
- 12
- 1
- 2
- 3
- 4
- 5
- 6
- 7
- 8
- 9
- 10
- 11

| | THU | 11 | FRI | 12 | SAT | 13 | SUN | 14 |

MAR 2021

S	M	T	W	T	F	S
	1	2	3	4	5	6
7	8	9	10	11	12	13
14	15	16	17	18	19	20
21	22	23	24	25	26	27
28	29	30	31			

MON 15	TUE 16	WED 17

| THU | 18 | FRI | 19 | SAT | 20 | SUN | 21 |

MAR 2021

S	M	T	W	T	F	S
	1	2	3	4	5	6
7	8	9	10	11	12	13
14	15	16	17	18	19	20
21	22	23	24	25	26	27
28	29	30	31			

MON 22 | TUE 23 | WED 24

| THU | 25 | FRI | 26 | SAT | 27 | SUN | 28 |

MAR 2021

S	M	T	W	T	F	S
	1	2	3	4	5	6
7	8	9	10	11	12	13
14	15	16	17	18	19	20
21	22	23	24	25	26	27
28	29	30	31			

MON	29	TUE	30	WED	31

12
1
2
3
4
5
6
7
8
9
10
11
12
1
2
3
4
5
6
7
8
9
10
11

THU	1	FRI	2	SAT	3	SUN	4

- 12
- 1
- 2
- 3
- 4
- 5
- 6
- 7
- 8
- 9
- 10
- 11
- 12
- 1
- 2
- 3
- 4
- 5
- 6
- 7
- 8
- 9
- 10
- 11

APRIL 2021

SUNDAY	MONDAY	TUESDAY	WEDNESDAY
4	5	6	7
11	12	13	14
18	19	20	21
25	26	27	28

MARCH
S	M	T	W	T	F	S
	1	2	3	4	5	6
7	8	9	10	11	12	13
14	15	16	17	18	19	20
21	22	23	24	25	26	27
28	29	30	31			

APRIL
S	M	T	W	T	F	S
				1	2	3
4	5	6	7	8	9	10
11	12	13	14	15	16	17
18	19	20	21	22	23	24
25	26	27	28	29	30	

MAY
S	M	T	W	T	F	S
						1
2	3	4	5	6	7	8
9	10	11	12	13	14	15
16	17	18	19	20	21	22
23	24	25	26	27	28	29
30	31					

THURSDAY	FRIDAY	SATURDAY	NOTES
1	2	3	
8	9	10	
15	16	17	
22	23	24	
29	30		
☐	☐	☐	
☐	☐	☐	
☐	☐	☐	
☐	☐	☐	
☐	☐	☐	

APR 2021

S	M	T	W	T	F	S
				1	2	3
4	5	6	7	8	9	10
11	12	13	14	15	16	17
18	19	20	21	22	23	24
25	26	27	28	29	30	

| MON | 5 | TUE | 6 | WED | 7 |

THU	8	FRI	9	SAT	10	SUN	11

12
1
2
3
4
5
6
7
8
9
10
11
12
1
2
3
4
5
6
7
8
9
10
11

APR 2021

S	M	T	W	T	F	S
				1	2	3
4	5	6	7	8	9	10
11	12	13	14	15	16	17
18	19	20	21	22	23	24
25	26	27	28	29	30	

| MON | 12 | TUE | 13 | WED | 14 |

	THU	15	FRI	16	SAT	17	SUN	18
12								
1								
2								
3								
4								
5								
6								
7								
8								
9								
10								
11								
12								
1								
2								
3								
4								
5								
6								
7								
8								
9								
10								
11								
	THU	15	FRI	16	SAT	17	SUN	18

APR 2021

S	M	T	W	T	F	S
				1	2	3
4	5	6	7	8	9	10
11	12	13	14	15	16	17
18	19	20	21	22	23	24
25	26	27	28	29	30	

MON 19	TUE 20	WED 21

12
1
2
3
4
5
6
7
8
9
10
11
12
1
2
3
4
5
6
7
8
9
10
11

	THU	22	FRI	23	SAT	24	SUN	25
12								
1								
2								
3								
4								
5								
6								
7								
8								
9								
10								
11								
12								
1								
2								
3								
4								
5								
6								
7								
8								
9								
10								
11								

APR 2021

S	M	T	W	T	F	S
				1	2	3
4	5	6	7	8	9	10
11	12	13	14	15	16	17
18	19	20	21	22	23	24
25	26	27	28	29	30	

MON 26   TUE 27   WED 28

	THU	29	FRI	30	SAT	1	SUN	2
12								
1								
2								
3								
4								
5								
6								
7								
8								
9								
10								
11								
12								
1								
2								
3								
4								
5								
6								
7								
8								
9								
10								
11								
	THU	29	FRI	30	SAT	1	SUN	2

MAY 2021

SUNDAY	MONDAY	TUESDAY	WEDNESDAY
2	3	4	5
9	10	11	12
16	17	18	19
23	24	25	26
30	31 Memorial Day		

APRIL
S	M	T	W	T	F	S
				1	2	3
4	5	6	7	8	9	10
11	12	13	14	15	16	17
18	19	20	21	22	23	24
25	26	27	28	29	30	

MAY
S	M	T	W	T	F	S
						1
2	3	4	5	6	7	8
9	10	11	12	13	14	15
16	17	18	19	20	21	22
23	24	25	26	27	28	29
30	31					

THURSDAY	FRIDAY	SATURDAY	NOTES
		1	
6	7	8	
13	14	15	
20	21	22	
27	28	29	
☐	☐	☐	
☐	☐	☐	
☐	☐	☐	
☐	☐	☐	
☐	☐	☐	

MAY 2021

S	M	T	W	T	F	S
						1
2	3	4	5	6	7	8
9	10	11	12	13	14	15
16	17	18	19	20	21	22
23	24	25	26	27	28	29

MON 3 | TUE 4 | WED 5

12
1
2
3
4
5
6
7
8
9
10
11
12
1
2
3
4
5
6
7
8
9
10
11

| THU | 6 | FRI | 7 | SAT | 8 | SUN | 9 |

12
1
2
3
4
5
6
7
8
9
10
11
12
1
2
3
4
5
6
7
8
9
10
11

| THU | 6 | FRI | 7 | SAT | 8 | SUN | 9 |

MAY 2021

S	M	T	W	T	F	S
						1
2	3	4	5	6	7	8
9	10	11	12	13	14	15
16	17	18	19	20	21	22
23	24	25	26	27	28	29

MON 10 TUE 11 WED 12

THU 13	FRI 14	SAT 15	SUN 16

- 12
- 1
- 2
- 3
- 4
- 5
- 6
- 7
- 8
- 9
- 10
- 11
- 12
- 1
- 2
- 3
- 4
- 5
- 6
- 7
- 8
- 9
- 10
- 11

MAY 2021

S	M	T	W	T	F	S
						1
2	3	4	5	6	7	8
9	10	11	12	13	14	15
16	17	18	19	20	21	22
23	24	25	26	27	28	29

MON 17	TUE 18	WED 19

12
1
2
3
4
5
6
7
8
9
10
11
12
1
2
3
4
5
6
7
8
9
10
11

THU	20	FRI	21	SAT	22	SUN	23

- 12
- 1
- 2
- 3
- 4
- 5
- 6
- 7
- 8
- 9
- 10
- 11
- 12
- 1
- 2
- 3
- 4
- 5
- 6
- 7
- 8
- 9
- 10
- 11

MAY 2021

S	M	T	W	T	F	S
						1
2	3	4	5	6	7	8
9	10	11	12	13	14	15
16	17	18	19	20	21	22
23	24	25	26	27	28	29

MON 24　　TUE 25　　WED 26

12
1
2
3
4
5
6
7
8
9
10
11
12
1
2
3
4
5
6
7
8
9
10
11

	THU 27	FRI 28	SAT 29	SUN 30
12				
1				
2				
3				
4				
5				
6				
7				
8				
9				
10				
11				
12				
1				
2				
3				
4				
5				
6				
7				
8				
9				
10				
11				

JUNE 2021

SUNDAY	MONDAY	TUESDAY	WEDNESDAY
		1	2
6	7	8	9
13	14	15	16
20	21	22	23
27	28	29	30

MAY
S	M	T	W	T	F	S
						1
2	3	4	5	6	7	8
9	10	11	12	13	14	15
16	17	18	19	20	21	22
23	24	25	26	27	28	29
30	31					

JUNE
S	M	T	W	T	F	S
		1	2	3	4	5
6	7	8	9	10	11	12
13	14	15	16	17	18	19
20	21	22	23	24	25	26
27	28	29	30			

JULY
S	M	T	W	T	F	S
				1	2	3
4	5	6	7	8	9	10
11	12	13	14	15	16	17
18	19	20	21	22	23	24
25	26	27	28	29	30	31

THURSDAY	FRIDAY	SATURDAY	NOTES
3	4	5	
10	11	12	
17	18	19	
24	25	26	
☐	☐	☐	
☐	☐	☐	
☐	☐	☐	
☐	☐	☐	
☐	☐	☐	

JUNE 2021

S	M	T	W	T	F	S
		1	2	3	4	5
6	7	8	9	10	11	12
13	14	15	16	17	18	19
20	21	22	23	24	25	26
27	28	29	30			

MON Memorial Day — 31
TUE 1
WED 2

THU	3	FRI	4	SAT	5	SUN	6

12
1
2
3

4

5

6

7

8

9

10

11

12

1

2

3

4

5

6

7

8

9

10

11

THU	3	FRI	4	SAT	5	SUN	6

JUNE 2021

S	M	T	W	T	F	S
		1	2	3	4	5
6	7	8	9	10	11	12
13	14	15	16	17	18	19
20	21	22	23	24	25	26
27	28	29	30			

MON 7 | TUE 8 | WED 9

12
1
2
3
4
5
6
7
8
9
10
11
12
1
2
3
4
5
6
7
8
9
10
11

	THU	10	FRI	11	SAT	12	SUN	13
12								
1								
2								
3								
4								
5								
6								
7								
8								
9								
10								
11								
12								
1								
2								
3								
4								
5								
6								
7								
8								
9								
10								
11								
	THU	10	FRI	11	SAT	12	SUN	13

JUNE 2021

S	M	T	W	T	F	S
		1	2	3	4	5
6	7	8	9	10	11	12
13	14	15	16	17	18	19
20	21	22	23	24	25	26
27	28	29	30			

MON 14   TUE 15   WED 16

| THU | 17 | FRI | 18 | SAT | 19 | SUN | 20 |

JUNE 2021

S	M	T	W	T	F	S
		1	2	3	4	5
6	7	8	9	10	11	12
13	14	15	16	17	18	19
20	21	22	23	24	25	26
27	28	29	30			

MON 21　TUE 22　WED 23

12
1
2
3
4
5
6
7
8
9
10
11
12
1
2
3
4
5
6
7
8
9
10
11

THU	24	FRI	25	SAT	26	SUN	27

12
1
2
3
4
5
6
7
8
9
10
11
12
1
2
3
4
5
6
7
8
9
10
11

| THU | 24 | FRI | 25 | SAT | 26 | SUN | 27 |

JULY 2021

SUNDAY	MONDAY	TUESDAY	WEDNESDAY
4 Independence Day	5	6	7
11	12	13	14
18	19	20	21
25	26	27	28

JUNE
S	M	T	W	T	F	S
		1	2	3	4	5
6	7	8	9	10	11	12
13	14	15	16	17	18	19
20	21	22	23	24	25	26
27	28	29	30			

JULY
S	M	T	W	T	F	S
				1	2	3
4	5	6	7	8	9	10
11	12	13	14	15	16	17
18	19	20	21	22	23	24
25	26	27	28	29	30	31

AUGUST
S	M	T	W	T	F	S
1	2	3	4	5	6	7
8	9	10	11	12	13	14
15	16	17	18	19	20	21
22	23	24	25	26	27	28
29	30	31				

THURSDAY	FRIDAY	SATURDAY	NOTES
1	2	3	
8	9	10	
15	16	17	
22	23	24	
29	30	31	
☐	☐	☐	
☐	☐	☐	
☐	☐	☐	
☐	☐	☐	
☐	☐	☐	

JULY 2021

S	M	T	W	T	F	S
				1	2	3
4	5	6	7	8	9	10
11	12	13	14	15	16	17
18	19	20	21	22	23	24
25	26	27	28	29	30	31

MON 28	TUE 29	WED 30

12
1
2
3
4
5
6
7
8
9
10
11
12
1
2
3
4
5
6
7
8
9
10
11

| THU | 1 | FRI | 2 | SAT | 3 | SUN | Independence Day | 4 |

- 12
- 1
- 2
- 3
- 4
- 5
- 6
- 7
- 8
- 9
- 10
- 11
- 12
- 1
- 2
- 3
- 4
- 5
- 6
- 7
- 8
- 9
- 10
- 11

JULY 2021

S	M	T	W	T	F	S
				1	2	3
4	5	6	7	8	9	10
11	12	13	14	15	16	17
18	19	20	21	22	23	24
25	26	27	28	29	30	31

MON	5	TUE	6	WED	7

12
1
2
3
4
5
6
7
8
9
10
11
12
1
2
3
4
5
6
7
8
9
10
11

	THU	8	FRI	9	SAT	10	SUN	11
12								
1								
2								
3								
4								
5								
6								
7								
8								
9								
10								
11								
12								
1								
2								
3								
4								
5								
6								
7								
8								
9								
10								
11								
	THU	8	FRI	9	SAT	10	SUN	11

JULY 2021

S	M	T	W	T	F	S
				1	2	3
4	5	6	7	8	9	10
11	12	13	14	15	16	17
18	19	20	21	22	23	24
25	26	27	28	29	30	31

MON 12   TUE 13   WED 14

| THU | 15 | FRI | 16 | SAT | 17 | SUN | 18 |

JULY 2021

S	M	T	W	T	F	S
				1	2	3
4	5	6	7	8	9	10
11	12	13	14	15	16	17
18	19	20	21	22	23	24
25	26	27	28	29	30	31

MON 19　　TUE 20　　WED 21

THU	22	FRI	23	SAT	24	SUN	25

- 12
- 1
- 2
- 3
- 4
- 5
- 6
- 7
- 8
- 9
- 10
- 11
- 12
- 1
- 2
- 3
- 4
- 5
- 6
- 7
- 8
- 9
- 10
- 11

JULY 2021

S	M	T	W	T	F	S
				1	2	3
4	5	6	7	8	9	10
11	12	13	14	15	16	17
18	19	20	21	22	23	24
25	26	27	28	29	30	31

MON 26 TUE 27 WED 28

12
1
2
3
4
5
6
7
8
9
10
11
12
1
2
3
4
5
6
7
8
9
10
11

THU	29	FRI	30	SAT	31	SUN	1

- 12
- 1
- 2
- 3
- 4
- 5
- 6
- 7
- 8
- 9
- 10
- 11
- 12
- 1
- 2
- 3
- 4
- 5
- 6
- 7
- 8
- 9
- 10
- 11

THU	29	FRI	30	SAT	31	SUN	1

AUGUST 2021

SUNDAY	MONDAY	TUESDAY	WEDNESDAY
1	2	3	4
8	9	10	11
15	16	17	18
22	23	24	25
29	30	31	

JULY
S	M	T	W	T	F	S
				1	2	3
4	5	6	7	8	9	10
11	12	13	14	15	16	17
18	19	20	21	22	23	24
25	26	27	28	29	30	31

AUGUST
S	M	T	W	T	F	S
1	2	3	4	5	6	7
8	9	10	11	12	13	14
15	16	17	18	19	20	21
22	23	24	25	26	27	28
29	30	31				

SEPTEMBER
S	M	T	W	T	F	S
			1	2	3	4
5	6	7	8	9	10	11
12	13	14	15	16	17	18
19	20	21	22	23	24	25
26	27	28	29	30		

THURSDAY	FRIDAY	SATURDAY	NOTES
5	6	7	
12	13	14	
19	20	21	
26	27	28	
☐	☐	☐	
☐	☐	☐	
☐	☐	☐	
☐	☐	☐	
☐	☐	☐	

AUG 2021

S	M	T	W	T	F	S
1	2	3	4	5	6	7
8	9	10	11	12	13	14
15	16	17	18	19	20	21
22	23	24	25	26	27	28
29	30	31				

MON 2 | TUE 3 | WED 4

THU	5	FRI	6	SAT	7	SUN	8

12
1
2
3
4
5
6
7
8
9
10
11
12
1
2
3
4
5
6
7
8
9
10
11

AUG 2021

S	M	T	W	T	F	S
1	2	3	4	5	6	7
8	9	10	11	12	13	14
15	16	17	18	19	20	21
22	23	24	25	26	27	28
29	30	31				

MON 9   TUE 10   WED 11

	THU	12	FRI	13	SAT	14	SUN	15
12								
1								
2								
3								
4								
5								
6								
7								
8								
9								
10								
11								
12								
1								
2								
3								
4								
5								
6								
7								
8								
9								
10								
11								
	THU	12	FRI	13	SAT	14	SUN	15

AUG 2021

S	M	T	W	T	F	S
1	2	3	4	5	6	7
8	9	10	11	12	13	14
15	16	17	18	19	20	21
22	23	24	25	26	27	28
29	30	31				

MON 16   TUE 17   WED 18

	THU	19	FRI	20	SAT	21	SUN	22
12								
1								
2								
3								
4								
5								
6								
7								
8								
9								
10								
11								
12								
1								
2								
3								
4								
5								
6								
7								
8								
9								
10								
11								
	THU	19	FRI	20	SAT	21	SUN	22

AUG 2021

S	M	T	W	T	F	S
1	2	3	4	5	6	7
8	9	10	11	12	13	14
15	16	17	18	19	20	21
22	23	24	25	26	27	28
29	30	31				

MON 23 | TUE 24 | WED 25

THU	26	FRI	27	SAT	28	SUN	29

12
1
2
3
4
5
6
7
8
9
10
11
12
1
2
3
4
5
6
7
8
9
10
11

SEPTEMBER 2021

SUNDAY	MONDAY	TUESDAY	WEDNESDAY
			1
5	6 Labor Day	7	8
12	13	14	15
19	20	21	22
26	27	28	29

AUGUST
S	M	T	W	T	F	S
1	2	3	4	5	6	7
8	9	10	11	12	13	14
15	16	17	18	19	20	21
22	23	24	25	26	27	28
29	30	31				

SEPTEMBER
S	M	T	W	T	F	S
			1	2	3	4
5	6	7	8	9	10	11
12	13	14	15	16	17	18
19	20	21	22	23	24	25
26	27	28	29	30		

OCTOBER
S	M	T	W	T	F	S
					1	2
3	4	5	6	7	8	9
10	11	12	13	14	15	16
17	18	19	20	21	22	23
24	25	26	27	28	29	30
31						

THURSDAY	FRIDAY	SATURDAY	NOTES
2	3	4	
9	10	11	
16	17	18	
23	24	25	
30			
☐	☐	☐	
☐	☐	☐	
☐	☐	☐	
☐	☐	☐	
☐	☐	☐	

SEP 2021

S	M	T	W	T	F	S
			1	2	3	4
5	6	7	8	9	10	11
12	13	14	15	16	17	18
19	20	21	22	23	24	25
26	27	28	29	30		

MON 30 TUE 31 WED 1

THU	2	FRI	3	SAT	4	SUN	5

12
1
2
3
4
5
6
7
8
9
10
11
12
1
2
3
4
5
6
7
8
9
10
11

THU	2	FRI	3	SAT	4	SUN	5

SEP 2021 | MON Labor Day 6 | TUE 7 | WED 8

S	M	T	W	T	F	S
			1	2	3	4
5	6	7	8	9	10	11
12	13	14	15	16	17	18
19	20	21	22	23	24	25
26	27	28	29	30		

| | THU | 9 | FRI | 10 | SAT | 11 | SUN | 12 |

SEP 2021 | MON 13 | TUE 14 | WED 15

S	M	T	W	T	F	S
			1	2	3	4
5	6	7	8	9	10	11
12	13	14	15	16	17	18
19	20	21	22	23	24	25
26	27	28	29	30		

12
1
2
3
4
5
6
7
8
9
10
11
12
1
2
3
4
5
6
7
8
9
10
11

	THU	16	FRI	17	SAT	18	SUN	19
12								
1								
2								
3								
4								
5								
6								
7								
8								
9								
10								
11								
12								
1								
2								
3								
4								
5								
6								
7								
8								
9								
10								
11								
	THU	16	FRI	17	SAT	18	SUN	19

SEP 2021 | MON 20 | TUE 21 | WED 22

S	M	T	W	T	F	S
			1	2	3	4
5	6	7	8	9	10	11
12	13	14	15	16	17	18
19	20	21	22	23	24	25
26	27	28	29	30		

12
1
2
3
4
5
6
7
8
9
10
11
12
1
2
3
4
5
6
7
8
9
10
11

	THU	23	FRI	24	SAT	25	SUN	26
12								
1								
2								
3								
4								
5								
6								
7								
8								
9								
10								
11								
12								
1								
2								
3								
4								
5								
6								
7								
8								
9								
10								
11								
	THU	23	FRI	24	SAT	25	SUN	26

SEP 2021

S	M	T	W	T	F	S
			1	2	3	4
5	6	7	8	9	10	11
12	13	14	15	16	17	18
19	20	21	22	23	24	25
26	27	28	29	30		

| MON | 27 | TUE | 28 | WED | 29 |

| THU | 30 | FRI | 1 | SAT | 2 | SUN | 3 |

OCTOBER 2021

SUNDAY	MONDAY	TUESDAY	WEDNESDAY
3	4	5	6
10	11 Columbus Day	12	13
17	18	19	20
24	25	26	27

31	**SEPTEMBER**
	S M T W T F S
	            1 2 3 4
	5 6 7 8 9 10 11
	12 13 14 15 16 17 18
	19 20 21 22 23 24 25
	26 27 28 29 30
		OCTOBER
		S M T W T F S
		                   1 2
		3 4 5 6 7 8 9
		10 11 12 13 14 15 16
		17 18 19 20 21 22 23
		24 25 26 27 28 29 30
		31
			NOVEMBER
			S M T W T F S
			    1 2 3 4 5 6
			7 8 9 10 11 12 13
			14 15 16 17 18 19 20
			21 22 23 24 25 26 27
			28 29 30

THURSDAY	FRIDAY	SATURDAY	NOTES
	1	2	
7	8	9	
14	15	16	
21	22	23	
28	29	30	
☐	☐	☐	
☐	☐	☐	
☐	☐	☐	
☐	☐	☐	
☐	☐	☐	

OCT 2021

S	M	T	W	T	F	S
					1	2
3	4	5	6	7	8	9
10	11	12	13	14	15	16
17	18	19	20	21	22	23
24	25	26	27	28	29	30

MON 27   TUE 28   WED 29

	THU 30	FRI 1	SAT 2	SUN 3
12				
1				
2				
3				
4				
5				
6				
7				
8				
9				
10				
11				
12				
1				
2				
3				
4				
5				
6				
7				
8				
9				
10				
11				
	THU 30	FRI 1	SAT 2	SUN 3

OCT 2021

S	M	T	W	T	F	S
					1	2
3	4	5	6	7	8	9
10	11	12	13	14	15	16
17	18	19	20	21	22	23
24	25	26	27	28	29	30

MON 4   TUE 5   WED 6

| THU | 7 | FRI | 8 | SAT | 9 | SUN | 10 |

12
1
2
3
4
5
6
7
8
9
10
11
12
1
2
3
4
5
6
7
8
9
10
11

OCT 2021

S	M	T	W	T	F	S
					1	2
3	4	5	6	7	8	9
10	11	12	13	14	15	16
17	18	19	20	21	22	23
24	25	26	27	28	29	30

MON Columbus Day 11	TUE 12	WED 13

THU	14	FRI	15	SAT	16	SUN	17

- 12
- 1
- 2
- 3
- 4
- 5
- 6
- 7
- 8
- 9
- 10
- 11
- 12
- 1
- 2
- 3
- 4
- 5
- 6
- 7
- 8
- 9
- 10
- 11

OCT 2021

S	M	T	W	T	F	S
					1	2
3	4	5	6	7	8	9
10	11	12	13	14	15	16
17	18	19	20	21	22	23
24	25	26	27	28	29	30

MON 18　　TUE 19　　WED 20

THU 21	FRI 22	SAT 23	SUN 24

12
1
2
3
4
5
6
7
8
9
10
11
12
1
2
3
4
5
6
7
8
9
10
11

OCT 2021

S	M	T	W	T	F	S
					1	2
3	4	5	6	7	8	9
10	11	12	13	14	15	16
17	18	19	20	21	22	23
24	25	26	27	28	29	30

MON 25 | TUE 26 | WED 27

| THU | 28 | FRI | 29 | SAT | 30 | SUN | 31 |

12
1
2
3
4
5
6
7
8
9
10
11
12
1
2
3
4
5
6
7
8
9
10
11

| THU | 28 | FRI | 29 | SAT | 30 | SUN | 31 |

NOVEMBER 2021

SUNDAY	MONDAY	TUESDAY	WEDNESDAY
	1	2	3
7	8	9	10
14	15	16	17
21	22	23	24
28	29	30	

OCTOBER
S	M	T	W	T	F	S
					1	2
3	4	5	6	7	8	9
10	11	12	13	14	15	16
17	18	19	20	21	22	23
24	25	26	27	28	29	30
31						

NOVEMBER
S	M	T	W	T	F	S
	1	2	3	4	5	6
7	8	9	10	11	12	13
14	15	16	17	18	19	20
21	22	23	24	25	26	27
28	29	30				

DECEMBER
S	M	T	W	T	F	S
			1	2	3	4
5	6	7	8	9	10	11
12	13	14	15	16	17	18
19	20	21	22	23	24	25
26	27	28	29	30	31	

THURSDAY	FRIDAY	SATURDAY	NOTES
4	5	6	
11 Veterans Day	12	13	
18	19	20	
25 Thanksgiving Day	26	27	
☐	☐	☐	
☐	☐	☐	
☐	☐	☐	
☐	☐	☐	
☐	☐	☐	

NOV 2021

S	M	T	W	T	F	S
	1	2	3	4	5	6
7	8	9	10	11	12	13
14	15	16	17	18	19	20
21	22	23	24	25	26	27
28	29	30				

MON 1 TUE 2 WED 3

	THU	4	FRI	5	SAT	6	SUN	7
12								
1								
2								
3								
4								
5								
6								
7								
8								
9								
10								
11								
12								
1								
2								
3								
4								
5								
6								
7								
8								
9								
10								
11								
	THU	4	FRI	5	SAT	6	SUN	7

NOV 2021

S	M	T	W	T	F	S
	1	2	3	4	5	6
7	8	9	10	11	12	13
14	15	16	17	18	19	20
21	22	23	24	25	26	27
28	29	30				

MON 8 | TUE 9 | WED 10

	THU	Veterans' Day	11	FRI	12	SAT	13	SUN	14

12
1
2
3
4
5
6
7
8
9
10
11
12
1
2
3
4
5
6
7
8
9
10
11

	THU	Veterans' Day	11	FRI	12	SAT	13	SUN	14

NOV 2021 | MON 15 | TUE 16 | WED 17

S	M	T	W	T	F	S
	1	2	3	4	5	6
7	8	9	10	11	12	13
14	15	16	17	18	19	20
21	22	23	24	25	26	27
28	29	30				

	THU	18	FRI	19	SAT	20	SUN	21
12								
1								
2								
3								
4								
5								
6								
7								
8								
9								
10								
11								
12								
1								
2								
3								
4								
5								
6								
7								
8								
9								
10								
11								
	THU	18	FRI	19	SAT	20	SUN	21

NOV 2021 | MON 22 | TUE 23 | WED 24

S	M	T	W	T	F	S
	1	2	3	4	5	6
7	8	9	10	11	12	13
14	15	16	17	18	19	20
21	22	23	24	25	26	27
28	29	30				

| THU | Thanksgiving | 25 | FRI | 26 | SAT | 27 | SUN | 28 |

12
1
2
3
4
5
6
7
8
9
10
11
12
1
2
3
4
5
6
7
8
9
10
11

| THU | Thanksgiving | 25 | FRI | 26 | SAT | 27 | SUN | 28 |

DECEMBER 2021

SUNDAY	MONDAY	TUESDAY	WEDNESDAY
			1
5	6	7	8
12	13	14	15
19	20	21	22
26	27	28	29

NOVEMBER							DECEMBER							JANUARY					2022	
S	M	T	W	T	F	S	S	M	T	W	T	F	S	S	M	T	W	T	F	S
	1	2	3	4	5	6				1	2	3	4							1
7	8	9	10	11	12	13	5	6	7	8	9	10	11	2	3	4	5	6	7	8
14	15	16	17	18	19	20	12	13	14	15	16	17	18	9	10	11	12	13	14	15
21	22	23	24	25	26	27	19	20	21	22	23	24	25	16	17	18	19	20	21	22
28	29	30					26	27	28	29	30	31		23	24	25	26	27	28	29
														30	31					

THURSDAY	FRIDAY	SATURDAY	NOTES
2	3	4	
9	10	11	
16	17	18	
23	24	25 Christmas Day	
30	31		
☐	☐	☐	
☐	☐	☐	
☐	☐	☐	
☐	☐	☐	
☐	☐	☐	

DEC 2021 | MON 29 | TUE 30 | WED 1

S	M	T	W	T	F	S
			1	2	3	4
5	6	7	8	9	10	11
12	13	14	15	16	17	18
19	20	21	22	23	24	25
26	27	28	29	30	31	

12
1
2
3
4
5
6
7
8
9
10
11
12
1
2
3
4
5
6
7
8
9
10
11

THU 2	FRI 3	SAT 4	SUN 5

- 12
- 1
- 2
- 3
- 4
- 5
- 6
- 7
- 8
- 9
- 10
- 11
- 12
- 1
- 2
- 3
- 4
- 5
- 6
- 7
- 8
- 9
- 10
- 11

DEC						2021	MON	6	TUE	7	WED	8
S	M	T	W	T	F	S						
			1	2	3	4						
5	6	7	8	9	10	11						
12	13	14	15	16	17	18						
19	20	21	22	23	24	25						
26	27	28	29	30	31							

	THU	9	FRI	10	SAT	11	SUN	12
12								
1								
2								
3								
4								
5								
6								
7								
8								
9								
10								
11								
12								
1								
2								
3								
4								
5								
6								
7								
8								
9								
10								
11								
	THU	9	FRI	10	SAT	11	SUN	12

DEC 2021

S	M	T	W	T	F	S
			1	2	3	4
5	6	7	8	9	10	11
12	13	14	15	16	17	18
19	20	21	22	23	24	25
26	27	28	29	30	31	

MON 13	TUE 14	WED 15

12
1
2
3
4
5
6
7
8
9
10
11
12
1
2
3
4
5
6
7
8
9
10
11

THU	16	FRI	17	SAT	18	SUN	19

12
1
2
3
4
5
6
7
8
9
10
11
12
1
2
3
4
5
6
7
8
9
10
11

THU	16	FRI	17	SAT	18	SUN	19

DEC 2021

S	M	T	W	T	F	S
			1	2	3	4
5	6	7	8	9	10	11
12	13	14	15	16	17	18
19	20	21	22	23	24	25
26	27	28	29	30	31	

MON 20　　TUE 21　　WED 22

	THU	23	FRI	24	SAT Christmas Day	25	SUN	26
12								
1								
2								
3								
4								
5								
6								
7								
8								
9								
10								
11								
12								
1								
2								
3								
4								
5								
6								
7								
8								
9								
10								
11								

| DEC | | | | | | | 2021 | MON | 27 | TUE | 28 | WED | 29 |

S	M	T	W	T	F	S
			1	2	3	4
5	6	7	8	9	10	11
12	13	14	15	16	17	18
19	20	21	22	23	24	25
26	27	28	29	30	31	

12
1
2
3
4
5
6
7
8
9
10
11
12
1
2
3
4
5
6
7
8
9
10
11

THU 30	FRI 31	SAT 1	SUN 2

12
1
2
3
4
5
6
7
8
9
10
11
12
1
2
3
4
5
6
7
8
9
10
11

Important Dates

JANUARY	FEBRUARY	MARCH	APRIL

MAY	JUNE	JULY	AUGUST

SEPTEMBER	OCTOBER	NOVEMBER	DECEMBER

Name & Address	Phone & Fax	Name & Address	Phone & Fax

Name & Address	Phone & Fax	Name & Address	Phone & Fax

Expense Tracker

	January	February	March	April	May	June
Fixed Expenses						
Mortgage/Rent						
Utilities						
Total						

	January	February	March	April	May	June
Other Expenses						
Total						
Total Expenses						

	January	February	March	April	May	June
Income						
Total Income						

	January	February	March	April	May	June
Savings						
Total Savings						

Expense Tracker

July	August	September	October	November	December	YTD Total

July	August	September	October	November	December	YTD Total

July	August	September	October	November	December	YTD Total

July	August	September	October	November	December	YTD Total

www.ingramcontent.com/pod-product-compliance
Lightning Source LLC
Chambersburg PA
CBHW082105280426
43661CB00089B/883